Treasury of
Mexican Love Poems,
Quotations & Proverbs

BILINGUAL LOVE POEMS

African
Arabic
Chinese
Czech
Finnish
French (2 volumes)
German
Hungarian
Indian
Irish
Irish cassettes
Italian
Italian cassettes
Jewish
Mexican
Polish (2 volumes)
Adam Mickiewicz in Polish and English
Roman
Russian
Russian cassettes
Spanish
Spanish cassettes
Ukrainian

Treasury of
Mexican Love Poems,
Quotations & Proverbs

In Spanish and English

Edited and translated by

Enriqueta Carrington

Hippocrene Books, Inc.
New York

"Retorno" by Rosario Castellanos from *Poesía No Eres Tú: Obra Poética 1948–1971* (Mexico City: Fondo de Cultura Económica, 1972). Reprinted by permission of the Fondo de Cultura Económica.

"Uno de los casi cinco sonetos" by Alfonso Reyes from *Obras Completas, Alfonso Reyes* (Mexico City: Fondo de Cultura Económica, 1955). Reprinted by permission of the Fondo de Cultura Económica.

"Inventar la verdad" by Xavier Villarrutia from *Obras: Poesía, Teatro, Prosas Varias* (Mexico City: Fondo de Cultura Económica, 1966). Reprinted by permission of the Fondo de Cultura Económica.

Book design and composition by Susan A. Ahlquist, East Hampton, NY.

ISBN 0-7818-0985-1

For information, address:
Hippocrene Books, Inc.
171 Madison Avenue
New York, NY 10016

Cataloging-in-Publication data available from the Library of Congress.

Printed in the United States of America.

Contents

Poems

Te pido, dulce amor

Te pido, dulce amor, que cuando muera,
me des sepulcro en esa choza umbría;
en el lugar do enciendes viva hoguera
para cocer el pan de cada día.

Y si alguno, al recordar mi nombre,
sorprendiera tu oculto padecer,
amada mía,
dile que el humo de las verdes ramas
hace brotar el llanto que derramas . . .

— *Netzahualcóyotl (1402–1473)*

Sweet love, when I am dead

Sweet love, when I am dead,
bury me in your shady hut,
under the fire of the hearth
where you bake your daily bread.

If anyone mentions my name,
awakening your secret pain,
my loved one,
tell them the firewood is green
and it's smoke
that makes your eyes weep . . .

— *Netzahualcóyotl*

Ojos claros, serenos

Ojos claros, serenos,
si de un dulce mirar sois alabados,
¿por qué, si me miráis, miráis airados?

Si cuanto más piadosos,
más bellos parecéis a aquel que os mira,
no me miréis con ira,
porque no parezcáis menos hermosos.

¡Ay, tormentos rabiosos!
Ojos claros, serenos,
ya que así me miráis, miradme al menos.

— *Gutierre de Cetina (1520–1554?)*

Clear, serene eyes

Clear, serene eyes
since you're praised for the sweetness in your gaze,
why look enraged when you look into my face?

Since the more you're merciful
the lovelier you appear to the beholder,
don't look upon me with anger
that you may not seem less beautiful.

Oh, you raging torments!
Clear, serene eyes,
since you must look at me that way, at least look!

— *Gutierre de Cetina*

Pidiendo una hora más con su amada

Horas alegres que pasáis volando
porque a vueltas del bien mayor mal sienta;
sabrosa noche que en tan dulce afrenta
el triste despedir me vas mostrando;

importuno reloj que, apresurando
tu curso, mi dolor me representas;
estrellas con quien nunca tuve cuenta,
mi partida vais acelerando;

gallo que mi pesar has denunciado,
lucero que mi luz vas oscureciendo,
y tú, mal sosegada y moza aurora,

si en vos cabe dolor de mi cuidado,
id poco a poco el paso deteniendo,
si no puede ser más, siquiera una hora.

— *Gutierre de Cetina*

Asking for one more hour with his love

You merry hours who go flying by,
to increase my pain with contrast to joy,
you delicious night who in sweet affront
goes showing me the sad good-bye,

you importunate clock, hurrying
your course to state my sorrow,
you stars with whom I never had ado,
but who accelerate my parting,

you cock who crows my pain,
you morning star who darkens my light,
and you, you restless young dawn,

if you are capable of pitying my cares,
go slowly slackening your pace,
if it can be no longer, at least one hour more.

— *Gutierre de Cetina*

Loa y defensa de las mujeres

Fragmento

— No reina en mi corazón
otra cosa que mujer,
ni hay bien a mi parecer
más digno de estimación.
¿Qué adornada primavera
de fuentes, plantas y flores;
qué divinos resplandores
del sol en su cuarta esfera;
qué purpúreo amanecer,
qué cielo lleno de estrellas
iguala a las partes bellas
del rostro de una mujer?
¿Qué regalo en la dolencia,
en la salud qué contento,
qué descanso en el tormento
puede haber sin su presencia?

Cercano ya de su fin,
un monje santo decía
que sólo mejoraría
oyendo el són de un chapín.

In praise and defense of women

Fragment

— Over my heart there reigns
nothing but woman,
no good, in my opinion,
is worthier of praise.
What Springtime bedecked
with plants, founts, and flowers;
what divine radiance
of sun in the fourth sphere;
what purple daybreak,
what skies brimful with stars,
can equal the lovely parts
of a woman's face?
What comfort in sickness,
what contentment in health,
what relief in torment
can we have without her presence?

When he was close to his end,
a sainted monk once said
he'd get well if only he heard
the sound of a woman's clog.

9

¡Y era santo! ¡Mira cuál
será de mí, que soy perdido,
el delicado sonido
de un órgano de cristal!

¿Sabes lo que echo de ver?
Que el primer padre quiso
más perder el paraíso
que enojar a una mujer.
¡Y era su mujer! ¿Qué hiciera
si no lo fuese? ¡Y no había
más hombre que él! ¿Qué sería
si con otro irse pudiera?
Porque con la competencia
cobra gran fuerza Cupido.
— ¡Triste de mí, que he tenido
de esa verdad experiencia!
— Según eso, ¿cómo quieres
que yo, que tanto las precio,
entre en el uso tan necio
de injuriar a las mujeres?

— *Juan Ruiz de Alarcón (1580?–1639)*

And he was a saint! Imagine
what it's like for me, a lost sheep,
when I hear delicate sounds
issue from a crystalline throat!

You know how it seems to me?
That our first father preferred
to lose Paradise, rather
than to vex a woman. And she was his wife!
What would he have done, had she been otherwise?
And there was no man but him!
What would he have done, had there been
another she might go off with?
Because Cupid gathers great strength
with competition.
— Woe is me, who has experienced
that truth!
— Accordingly, how do you want me,
who prices them so high,
to enter into that foolish custom
of insulting and deriding women?

— *Juan Ruiz de Alarcón*

Belleza a un balcón del Ocaso

Iluminando el Occidente estaba
quien para Oriente de beldad nacía.
Por detener lo que a expirar corría,
la esfera de este Ocaso el Sol buscaba.

Yo, que en el Occidente luz rondaba,
en un morir enamorado ardía.
(El último período de mi día
Luna era, que mi vida madrugaba.)

Desde Occidente estás al Sol ganando;
él da heridas fatales fugitivo,
tú das inmóvil de salud heridas.

Orientes para piras está dando;
y tú desde el Ocaso, Sol más vivo,
estás enamorando para vidas.

— *Luis de Sandoval y Zapata*
(mediados del siglo diecisiete)

Beauty on a balcony at sunset

He who was born of Eastern beauty
now fired the skies to the West.
Trying to retain what ran to its death,
the Sun sought out the sphere of his setting.

And I, orbiting round another Western light,
was blazing in a loving death of my own.
(The last stage of my day was Moon,
for my life was early to rise.)

In the West you triumph over the Sun;
he flees inflicting fatal pain,
you stay and give salubrious wounds.

He gives the heavens up to the pyre,
while you, Sun of more fertile fire,
warm us to love and thus to life.

> — *Luis de Sandoval y Zapata*
> *(middle of the seventeenth century)*

Grave riesgo de un galán, en metáfora de mariposa

Vidrio animado, que en la lumbre atinas
con la tiniebla en que tu vida yelas,
y al breve punto de morir anhelas
en la circunferencia que caminas.

En poco mar de luz ve oscuras ruinas,
Nave que desplegaste vivas velas:
la más fúnebre noche que recelas
se enciende entre la luz, que te avecinas.

No retire tu espíritu cobarde
el vuelo de la luz donde te ardías;
abrásate en el fuego que buscabas.

Dichosamente entre sus lumbres arde:
porque al dejar de ser lo que vivías,
te empezaste a volver en lo que amabas.

— *Luis de Sandoval y Zapata*

A beau in grave risk,
under the metaphor of a moth

You animated glass, who find in fire
the darkness which will freeze your life,
and that brief point of death desire
in the center of your spiraling flight.

In a small sea of light see dark remains,
the most funereal night of your fears
kindles to flare, for you're drawing near:
shiplike you unfurl your blazing main.

Don't let your spirit turn craven
and deflect your path from sacrifice;
immolate yourself in the fire you sought.

Burn in its flames with delight:
for as you cease to be what you living were,
you begin to become what in life you loved.

— *Luis de Sandoval y Zapata*

Detente, sombra de mi bien esquivo

Detente, sombra de mi bien esquivo,
imagen del hechizo que más quiero,
bella ilusión por quien alegre muero,
dulce ficción por quien penosa vivo.

Si al imán de tus gracias, atractivo,
sirve mi pecho de obediente acero,
¿para qué me enamoras lisonjero
si has de burlarme luego fugitivo?

Mas blasonar no puedes, satisfecho,
de que triunfa de mí tu tiranía;
que aunque dejas burlado el lazo estrecho

que tu forma fantástica ceñía,
poco importa burlar brazos y pecho
si te labra prisión mi fantasía.

— *Sor Juana Inés de la Cruz (1651–1695)*

Stay, elusive shade of my beloved

Stay, elusive shade of my beloved,
lovely illusion for whom I die so gladly,
sweet fiction for whom I live so sadly,
image of the enchantment I love the best.

With the obedience of steel, my heart
follows the magnet of your attractions;
why then must you lure me with solicitations,
only to mock me, vanish, depart?

Yet you cannot proclaim with satisfaction
that your tyranny triumphs over my pain,
for though you evade the narrow noose

of breast and arms, engirdling your fantasy frame,
yet this escape does not much avail you
while you're imprisoned in my imagination.

— *Sor Juana Inés de la Cruz*

Diuturna enfermedad de la Esperanza

Diuturna enfermedad de la Esperanza,
que así entretienes mis cansados años
y en el fiel de los bienes y los daños
tienes en equilibrio la balanza;

que siempre suspendida, en la tardanza
de inclinarse, no dejan tus engaños
que lleguen a excederse en los tamaños
la desesperación o la confianza:

¿quién te ha quitado el nombre de homicida?
Pues lo eres más severa, si se advierte
que suspendes el alma entretenida;

y entre la infausta o la felice suerte,
no lo haces tú por conservar la vida
sino por dar más dilatada muerte.

— *Sor Juana Inés de la Cruz*

Hope, you're a disease

Hope, you're a disease, long and dragging,
you trifle and toy with my tired years;
on the pivot of my hopes and my fears
you hold the pans of the balance hanging;

with torturing slowness they hesitate,
your cheating tricks drawing out suspense,
forbidding despair or confidence
to tip the scales with greater weight.

Who said you were not a murderess?
For that you are, and most severe;
when you dangle our souls in distress

between a fate of woe or happiness
your purpose is not to prolong our years
but rather to inflict more lingering deaths.

— *Sor Juana Inés de la Cruz*

Esta tarde, mi bien, cuando te hablaba

Esta tarde, mi bien, cuando te hablaba,
como en tu rostro y tus acciones vía
que con palabras no te persuadía,
que el corazón me vieses deseaba;

y Amor, que mis intentos ayudaba,
venció lo que imposible parecía:
pues entre el llanto, que el dolor vertía,
el corazón deshecho destilaba.

Baste ya de rigores, mi bien, baste:
no te atormenten más celos tiranos,
ni el vil recelo tu quietud contraste

con sombras necias, con indicios vanos,
pues ya en líquido humor viste y tocaste
mi corazón deshecho entre tus manos.

— *Sor Juana Inés de la Cruz*

Words were exhausted and useless their art

Words were exhausted and useless their art,
they could not persuade you, my dear,
as your face and your acts made this clear
I was wishing you could see my heart;

and the Wingèd God took my part,
what seemed impossible came true:
in the tears I then shed for you
I poured out my liquefied heart.

Cease your rigors, my darling, now cease:
don't let vile jealousy, that tyrant,
torment you, suspicion rob you of ease

with foolish shadows, shades of mythland,
since in liquid humors you held the keys
to my heart, dissolved into your hands.

— *Sor Juana Inés de la Cruz*

Yo no puedo tenerte ni dejarte

Yo no puedo tenerte ni dejarte,
ni sé por qué, al dejarte o al tenerte,
se encuentra un no sé qué para quererte
y muchos sí sé qué para olvidarte.

Pues ni quieres dejarme ni enmendarte,
yo templaré mi corazón de tal suerte
que la mitad se incline a aborrecerte
aunque la otra mitad se incline a amarte.

Si ello es fuerza querernos, haya modo,
que es morir el estar siempre riñendo:
no se hable más en celo y en sospecha,

y quien da la mitad, no quiera el todo;
y cuando me la estés allá haciendo,
sabe que estoy haciendo la deshecha.

— *Sor Juana Inés de la Cruz*

I can neither take you nor leave you

I can neither take you nor leave you,
somehow in the taking or the leaving,
I can't understand my reason for loving
yet know too well the reasons to forget you.

You will neither mend your ways nor leave me;
hence I'll temper my heart in such a fashion
that half of it inclines to abominate you
even while half persists in adoration.

Since we're bound to love, let's find some resource,
for this constant quarreling is deadly:
no more talk of jealousy and suspicion,

he who gives but half must not demand it all;
when you over there are dancing betrayal,
know that my dance is the mirror to yours.

— Sor Juana Inés de la Cruz

Dices que yo te olvido

Dices que yo te olvido, Celio, y mientes
en decir que me acuerdo de olvidarte,
pues no hay en mi memoria alguna parte
en que, aun como olvidado, te presentes.

Mis pensamientos son tan diferentes
y en todo tan ajenos de tratarte,
que ni saben si pueden agraviarte,
ni, si te olvidan, saben si lo sientes.

Si tú fueras capaz de ser querido,
fueras capaz de olvido; y ya era gloria
al menos, la potencia de haber sido.

Mas tan lejos estás de esa victoria,
que aqueste no acordarme no es olvido,
sino una negación de la memoria.

— *Sor Juana Inés de la Cruz*

You claim I forget

You claim I forget you, Celio; and it's not true
that I ever remember to forget about you,
for my memory holds no nook or spot
where you appear, even as something forgot.

My thoughts are so different, so far are they
from ever dealing with you, as you say,
that if they insult you, they're not aware
and if they forget you, don't care if you care.

If you had ever been fit to be loved,
you might be fit to be forgot,
and already there'd be some glory
in that potential of someday being.

But so far are you from that victory
that this oblivion is not forgetting
but a simple negation of memory.

— *Sor Juana Inés de la Cruz*

Dices que no te acuerdas

Dices que no te acuerdas, Clori, y mientes
en decir que te olvidas de olvidarte,
pues das ya en tu memoria alguna parte
en que, por olvidado, me presentes.

Si son tus pensamientos tan diferentes
de los de Albiro, dejarás tratarte,
pues tú misma pretendes agraviarte
con querer persuadir lo que no sientes.

Niégasme ser capaz de ser querido,
y tú misma concedes esa gloria:
con que en tu contra tu argumento ha sido;

pues si para alcanzar tanta victoria
te acuerdas de olvidarte del olvido,
ya no das negación en tu memoria.

— *Sor Juana Inés de la Cruz*

You claim you don't remember

You claim you don't remember, Clori, and yet,
even as you say you forget to forget,
already in your mind some place you allot
where I appear, if only as something forgot.

When you say your thoughts are so contrary
to Albiro's, when you claim your memory
is so free, your very words set you a snare,
just when you argue you don't care to care.

You deny that I'm fit to be loved,
yet you yourself award me that glory:
so you're foiled by your own argument;

for in your struggles to achieve this victory
you must remember you forgot to forget,
hence you no longer negate in your memory.

— *Sor Juana Inés de la Cruz*

¿Qué es esto, Alcino?

¿Qué es esto, Alcino? ¿Cómo tu cordura
se deja así vencer de un mal celoso,
haciendo con extremos de furioso
demostraciones más que de locura?

¿En qué te ofendió Celia, si se apura?
¿O por qué al Amor culpas de engañoso,
si no aseguró nunca poderoso
la eterna posesión de su hermosura?

La posesión de cosas temporales,
temporal es, Alcino, y es abuso
el querer conservarlas siempre iguales.

Con que tu error o tu ignorancia acuso,
pues Fortuna y Amor, de cosas tales
la propiedad no han dado, sino el uso.

— *Sor Juana Inés de la Cruz*

What is this, Alcino?

What is this, Alcino? How can you submit
your sanity to such demeaning fury,
such displays of worse than lunacy,
under the sordid tyranny of a jealous fit?

How did Celia offend, come to think of it?
You call Love a liar? Did he promise the beauty
of your darling was yours for all eternity?
That he never did, as you will have to admit.

The possession of any temporal thing
is temporal, Alcino, and it's an abuse
to try to keep it always unchanging.

And so, your error or ignorance I accuse,
since Fortune and Love, in sublunary matters,
never gave us the ownership, but only the use.

— *Sor Juana Inés de la Cruz*

Convaleciente
de una enfermedad grave

En la vida que siempre tuya fue,
Laura divina, y siempre lo será,
la Parca fiera, que en seguirme da,
quiso asentar por triunfo el mortal pie.

Yo de su atrevimiento me admiré:
que si debajo de su imperio está,
tener poder no puede en ella ya,
pues del suyo contigo me libré.

Para cortar el hilo que no hiló,
la tijera mortal abierta vi.
¡Ay Parca fiera!, dije entonces yo;

mira que sola Laura manda aquí.
Ella, corrida, al punto se apartó,
y dejóme morir sólo por ti.

— *Sor Juana Inés de la Cruz*

Written while convalescent
of a grave illness

Upon this life which was always yours,
divine Laura, and always will be,
fierce Fate, who likes to follow me,
tried to set her mortal foot in triumph.

At her daring I was surprised,
for though it falls within her empire,
over my life she has no more power:
your dominion has freed me from hers.

I saw her open those mortal scissors
to snip the thread she never spun.
Oh fierce Fate!, said I then;

behold, only Laura has authority here.
She, abashed, immediately withdrew,
and left me to die only for you.

— *Sor Juana Inés de la Cruz*

En la muerte de la Excelentísima Señora Marquesa de Mancera

De la beldad de Laura enamorados
los Cielos, la robaron a su altura,
porque no era decente a su luz pura
ilustrar estos valles desdichados;

o porque los mortales, engañados
de su cuerpo en la hermosa arquitectura,
admirados de ver tanta hermosura
no se juzgasen bienaventurados.

Nació donde el Oriente el rojo velo
corre al nacer el Astro rubicundo,
y murió donde, con ardiente anhelo,

da sepulcro a su luz el mar profundo:
que fue preciso a su divino vuelo
que diese como el Sol la vuelta al mundo.

— *Sor Juana Inés de la Cruz*

On the death of that most excellent lady, the Marquise de Mancera

In love, as they were, with Laura's beauty,
the Heavens carried her off to their heights,
for it was not meet that her pure light
should shine on this vale of mortality;

or that mortals, dazzled and deluded
by the architecture of her body,
lost in admiration of such glory,
should judge themselves among the blessed.

She was born where red the Eastern voil
draws back at the birth of the ruddy Star;
she died there, where the ardent zeal

of deepest seas entombs his light:
for like the Sun she had to travel far
and span the world in godly flight.

— *Sor Juana Inés de la Cruz*

Mueran contigo, Laura, pues moriste

Mueran contigo, Laura, pues moriste,
los afectos que en vano te desean,
los ojos a quien privas de que vean
hermosa luz que en un tiempo concediste.

Muera mi lira infausta en que influíste
ecos, que lamentables te vocean,
y hasta estos rasgos mal formados sean
lágrimas negras de mi pluma triste.

Muévase a compasión la misma Muerte
que, precisa, no pudo perdonarte;
y lamente el Amor su amarga suerte,

pues si antes, ambicioso de gozarte,
deseó tener ojos para verte,
ya le sirvieran sólo de llorarte.

— *Sor Juana Inés de la Cruz*

Death on these affections,
death on their yearning

Death on these affections, death on their yearning
vainly for you, Laura, since you are dead;
death on these eyes, death on their craving
for the light you once so graciously shed.

Death on my unfortunate lyre
where fathomless echoes cry out your name,
while even these poor clumsy lines
are just black tears of my mournful pen.

Death herself who, strict to duty,
could not spare you, is moved to pity;
and Love laments his bitter fate,

for whereas once he longed for eyes
that might be ravaged by your beauty,
now they'd serve him just to weep for you.

— *Sor Juana Inés de la Cruz*

A unos ojos

Cuando mis ojos miraron
de tu cielo los dos soles,
vieron tales arreboles
que sin vista se quedaron;
mas por ciegos no dejaron
de seguir por sus destellos,
por lo que duélete de ellos,
que aunque te causen enojos,
son girasoles mis ojos
de tus ojos soles bellos.

— *Fray José Manuel de Navarrete*
(1768–1809)

To certain eyes

I dared and lifted up my sight
to those twin suns which grace your skies,
so hot a fire then met my eyes
that they were blinded by the light;
they still did not give up the fight
and still a sightless way they found
to hound the fire by the sound;
though you may find them quite a bore
please let my sunflowers adore
and follow your sweet suns around.

— *Friar José Manuel de Navarrete*

De mis amores y sus efectos

Crece mi amor y crece mi contento
cuando me obligan, Silvia tus favores;
y si me ofenden Silvia, tus rigores
crece mi amor y crece mi tormento.

De gratitud el dulce sentimiento
aumenta, en tus cariños, mis temores,
y el afán de obligarte con amores
da, en tus desdenes, a mi amor aumento.

Tú, pues, que tantas veces cada día
sabes en horas tristes o serenas,
ser ora desdeñosa y ora pía;

tú que agravas o endulzas mis cadenas;
cuenta si puedes ¡ay ingrata mía!
mis gustos, mis amores y mis penas.

— *Anastasio de Ochoa (1783–1833)*

Of my love and its effects

I grow in love and in content
when gratified, Silvia by your favors;
and when offended, Silvia by your rigors
I grow in love and in torment.

The sweet feeling of gratefulness
increases my fears with your affection;
my zeal to please you with adulation
increases my love with your indifference.

You, then, who many times per diem,
during sad or tranquil hours,
know how to sway from mercy to disdain;

you who aggravate or sweeten my chains,
oh my ingrate! you, if you have the power,
keep the account of my joys, my love, and my pains.

— *Anastasio de Ochoa*

Nomás a ti

A ti, joven de negra cabellera,
de tez morena y espaciosa frente,
de grandes ojos y mirada ardiente,
de labios encendidos de rubí,
de nobles formas y cabeza altiva,
de graciosa sonrisa y dulce acento,
de blancos dientes, perfumado aliento,
a ti te amo nomás, nomás a ti.

Porque tú eres el hombre que yo viera
ha largo tiempo en mis dorados sueños;
tú eres el ángel, sí, de mis ensueños,
ideal fantasma que una noche vi
seductoras palabras murmurando
que el céfiro al pasar me repetía
y el aura sin cesar también decía:
a ti te amo nomás, nomás a ti.

Tú eres el solo por quien he sentido
dulcísimas y gratas emociones,
tú has llenado mi alma de ilusiones,
has engendrado nueva vida en mí.

It's only you

It's only you, you black-haired youth,
with your dark skin and spacious brow,
your large eyes and ardent look,
with the rubies glowing on your lips,
with your noble shape and haughty head,
your gracious smile and tender voice,
your white teeth and aromatic breath,
it's only you I love, nobody but you.

Because you're the man I saw
in golden dreams of long ago;
the angel, yes, of my fantasies,
the ideal shade I saw some night,
who whispered seductive words
repeated by the passing breeze,
repeated by the dawn, without cease:
it's only you I love, nobody but you.

Only for you have I ever felt
the most tender, delightful emotion,
you've filled my soul with anticipation,
you've engendered new life inside me.

 41

Yo te miré una vez y en el momento
sentí un fuego voraz que me quemaba
y una voz escuché que me juraba:
a ti te amo nomás, nomás a ti.

Desde entonces tu imagen seductora
no se aparta un instante de mi mente,
y un ardiente volcán siento en mi mente,
y te adoro, mi bien, con frenesí.
Tu recuerdo me sigue a toda hora,
paréceme escuchar tu dulce canto;
porque tú eres mi vida, tú mi encanto,
a ti te amo nomás, nomás a ti.

Te adora el corazón enternecido,
tú formas en mi vida transitoria
la divina esperanza de una gloria
que allá en un tiempo venturosa vi.
Y cuando baje a la solitaria tumba,
sucumbiendo por fin a mi tormento,
será mi última voz, mi último acento:
a ti te amo nomás, nomás a ti.

— *Dolores Guerrero (1833–1858)*

I saw you once, and at that very moment
a hungry fire began to consume me,
and I heard a voice pronounce an oath:
it's only you I love, nobody but you.

Ever since, your seductive image
does not leave me for an instant,
a fiery volcano in my mind, erupting,
and I adore you, my love, to frenzy.
The memory of you follows me always,
I seem to hear your sweet singing;
because you're my life, my witchery,
it's only you I love, nobody but you.

This heart has gone soft with adoring,
in my transitory life it's you
who give me divine hope for the glory
I glimpsed long ago, to my joy.
And when I go down to my lonely tomb,
when my torment finally breaks me,
this shall be my last call, my last cry:
it's only you I love, nobody but you.

— *Dolores Guerrero*

Los Naranjos

Fragmento

Ven y estréchame, no apartes
ya tus brazos de mi cuello,
no ocultes el rostro bello
tímida huyendo de mí.
Oprímanse nuestros labios
en un beso eterno, ardiente,
y transcurran dulcemente
lentas las horas así.

En los verdes tamarindos
enmudecen las palomas;
en los nardos no hay aromas
para los ambientes ya.
Tú languideces; tus ojos
ha cerrado la fatiga,
y tu seno, dulce amiga,
estremeciéndose está.

The orange trees

Fragment

Come, embrace me, never remove
your arms from round my neck,
never hide your lovely face from me,
don't run away shyly.
Let our lips meet
in an endless, burning kiss,
let the hours, slow and sweet,
flow by just like this.

Doves fall silent
in green tamarind trees;
spikenards have exhausted
their supply of scents.
You're growing languid;
your eyes close with fatigue,
and your bosom, sweet friend,
is trembling.

En la ribera del río
todo se agosta y desmaya;
las adelfas de la playa
se adormecen de calor.
Voy el reposo a brindarte
de trébol en esta alfombra,
a la perfumada sombra
de los naranjos en flor.

— *Ignacio Manuel Altamirano (1834–1893)*

On the river bank
everything droops and swoons;
the rosebays on the beach
grow drowsy with the heat.
I'll offer you repose
on this carpet of clover,
in the perfumed shade
of orange trees in bloom.

— *Ignacio Manuel Altamirano*

Nocturno

A Rosario

¡Pues bien!, yo necesito
decirte que te adoro,
decirte que te quiero
con todo el corazón;
que es mucho lo que sufro,
que es mucho lo que lloro,
que ya no puedo tanto,
y al grito en que te imploro,
te imploro y te hablo en nombre
de mi última ilusión.

Yo quiero que tú sepas
que ya hace muchos días
estoy enfermo y pálido
de tanto no dormir;
que ya se han muerto todas
las esperanzas mías,
que están mis noches negras,
tan negras y sombrías,
que ya no sé ni dónde
se alzaba el porvenir.

— *Manuel Acuña (1849–1873)*

Nocturne

To Rosario

Well then! I need
to tell you I adore you,
tell you that I love you
with all my heart;
that I suffer a lot,
that I weep a lot,
that I can't take it anymore,
and with this cry I implore
and beg you, in the name
of my very last hope.

I want you to know
that it's been days now,
that I'm ill and pale
with lack of sleep;
that all my hopes
have died,
that my nights are bleak,
so bleak and somber,
I know no longer
where the future used to be.

— *Manuel Acuña*

Dentro de una esmeralda

Junto al plátano sueltas, en congoja
de doncella insegura, el broche al sayo.
La fuente ríe, y en el borde gayo
atisbo el tumbo de la veste floja.

Y allá, por cima de tus crenchas, hoja
que de vidrio parece al sol de mayo,
torna verde la luz del vivo rayo
y en una gema colosal te aloja.

Recatos en la virgen son escudos;
y echas en tus encantos, por desnudos,
cauto y rico llover de resplandores.

Despeñas rizos desatando nudos,
y melena sin par cubre primores
y acaricia con puntas pies cual flores.

— *Salvador Díaz Mirón (1858–1928)*

Within an emerald

By the banana tree, as you, diffident,
hesitant virgin, undo the clasp
of your tunic, the fountain laughs, and avid
I await the fall of the floating garment.

And there, above the locks of your hair,
a leaf, glasslike under the sun of May,
refracts to green the ardent ray,
setting you within a giant gem.

Modesty is the shield of a maiden,
and so, over your naked charms you cast
a rich and cautious rain of splendors.

Unknotting, you set loose a landslide of curls
and your peerless hair covers loveliness,
as its tips caress your flowerlike feet.

— *Salvador Díaz Mirón*

Eva

Fragmento

Iba a salir el sol, amanecía,
y a la plácida sombra del palmero
tranquilo Adán dormía;
su frente majestuosa acariciaba
el ala de la brisa que pasaba
y su labio entreabierto sonreía.

Eva le contemplaba
sobre el inquieto corazón las manos,
húmedos y cargados de ternura
los ya lánguidos ojos soberanos;
y poco a poco, trémula, agitada,
sintiendo dentro del seno comprimido
del corazón el férvido latido,
sintiendo que potente, irresistible,
algo inefable que en su ser había
sobre los labios del gentil dormido
los suyos atraía,
inclinóse sobre él . . .

Eve

Fragment

The sun was about to rise, dawn was near,
and under the placid shade of the palm tree
Adam slept peacefully;
the wing of a passing breeze
caressed his majestic brow,
a smile touched his parted lips.

Eve was gazing upon him,
her hands pressed to her restless heart,
her sovereign eyes, already languid,
now charged with tears and tenderness;
and bit by bit, tremulous, agitated,
feeling the fervid beating of her heart
inside her constricted breast,
feeling that something powerful, irresistible,
something ineffable within herself,
attracted her lips
to the lips of the gentle sleeper,
she stooped over him . . .

Y de improviso
se oyó el ruido de un beso palpitante,
se estremeció de amor el Paraíso . . .

¡Y alzó su frente el sol en ese instante!

— *Manuel M. Flores (1840–1885)*

And all of a sudden
there was the sound of a quivering kiss,
Paradise shuddered with love . . .

And on the instant the sun lifted up his brow!

— *Manuel M. Flores*

En la estepa maldita

En la estepa maldita, bajo el peso
de sibilante grisa que asesina,
irgues tu talla escultural y fina,
como un relieve en el confín impreso.

El viento, entre los médanos opreso,
canta cual una música divina,
y finge, bajo la húmeda neblina,
un infinito y solitario beso.

Vibran en el crepúsculo tus ojos
un dardo negro de pasión y enojos
que en mi carne y mi espíritu se clava;

y, destacada contra el sol muriente,
como un airón, flotando inmensamente,
tu bruna cabellera de india brava.

— *Manuel José Othón (1858–1906)*

In the accursèd steppe

In the accursèd steppe, under the weight
of the whizzing, murderous gale,
you rear your fine and sculptural shape,
a relief impressed upon the horizon.

Oppressed among the dunes, the wind
sings, like some divine music,
as under the humid fog it mimics
an infinite and solitary kiss.

In the twilight your eyes vibrate,
a black dart of passion and rage
that sinks into my flesh and spirit;

and, manifest against the dying sun,
like a plume immensely floating,
there's your dark, savage Indian hair.

— *Manuel José Othón*

Deseo

¿No ves cual prende la flexible yedra
entre las grietas del altar sombrío?
Pues como enlaza la marmórea piedra
quiero enlazar tu corazón, bien mío.

¿Ves cual penetra el rayo de la luna
las quietas ondas sin turbar su calma?
Pues tal como se interna en la laguna
quiero bajar al fondo de tu alma.

Quiero en tu corazón, sencillo y tierno,
acurrucar mis sueños entumidos,
como al llegar las noches del invierno
se acurrucan las aves en sus nidos.

— *Manuel Gutiérrez Nájera (1859–1895)*

Yearning

Don't you see the lissome creeper,
how it clings to cracks in somber stone?
Well, just as it entwines that marble altar,
my love, that's how I yearn to entwine your heart.

Do you see how peacefully the moonray
enters quiet waves without unsettling their hush?
Just as it passes into the lake, that's the way
I yearn to sink to the very bottom of your soul.

Inside your simple, tender heart
my numb dreams yearn to snuggle up,
just as, when nights of winter start,
birds cuddle together in cozy nests.

— *Manuel Gutiérrez Nájera*

Metamorfosis

Era un cautivo beso enamorado
de una mano de nieve que tenía
la apariencia de un lirio desmayado
y el palpitar de un ave en agonía.
Y sucedió que un día,
aquella mano suave
de palidez de cirio,
de languidez de lirio,
de palpitar de ave,
se acercó tanto a la prisión del beso,
que ya no pudo más el pobre preso
y se escapó; mas, con voluble giro,
huyó la mano hasta el confín lejano,
y el beso, que volaba tras la mano,
rompiendo el aire se volvió suspiro.

— *Luis G. Urbina (1867–1934)*

Metamorphosis

There was once a captive kiss who loved
a snow-white hand which had
the look of a swooning lily,
the quiver of a dying bird.
And then one day
that soft hand,
pale as a candle,
languid as a lily,
quivering like a bird,
came so close to the kiss's prison,
that the poor kiss could not bear it
any more and escaped; but then the hand
turned around and fled to the farthest land,
and the kiss, as he went flying after the hand,
burst like a bubble in the air and became a sigh.

— *Luis G. Urbina*

Cobardía

Pasó con su madre. ¡Qué rara belleza!
¡Qué rubios cabellos de trigo garzul!
¡Qué ritmo en el paso! ¡Qué innata realeza
de porte! ¡Qué formas bajo el fino tul! . . .
Pasó con su madre. Volvió la cabeza:
¡me clavó muy hondo su mirada azul!

Quedé como en éxtasis . . . Con febril premura
"¡Síguela!" gritaron cuerpo y alma al par.
. . . Pero tuve miedo de amar con locura,
de abrir mis heridas, que suelen sangrar
¡y no obstante toda mi sed de ternura,
cerrando los ojos la dejé pasar!

— *Amado Nervo (1870–1919)*

Cowardice

She passed with her mother. A beauty so rare!
In her steps, what rhythm! How wheat-blond her hair!
In her bearing, what royalty inborn!
Under that sheer tulle, how lovely her form! . . .
She passed with her mother. She turned her face:
How deeply she pierced me with her blue gaze!

I was left as in ecstasy . . . "Follow her!"
body and soul, as one, gave forth the cry.
But I was afraid of loving to madness,
of old wounds bleeding, and the pain they imply,
and despite my burning thirst for tenderness
I closed my eyes and let her go by!

— *Amado Nervo*

Y el Buda de basalto sonreía

Aquella tarde, en la Alameda, loca
de amor la dulce idolatrada mía,
me ofreció los claveles de su boca.

Y el Buda de basalto sonreía . . .

Otro vino después y sus hechizos
me robó. . . . Le di cita y en la umbría
nos trocamos epístolas y rizos.

Y el Buda de basalto sonreía . . .

Hoy hace un año del amor perdido;
al sitio vuelvo, y como estoy rendido
tras largo caminar, trepo a lo alto
del zócalo en que el símbolo reposa;
derrotado y sangriento muere el día
y en los brazos del Buda de basalto
me sorprende la luna misteriosa.

Y el Buda de basalto sonreía . . .

— *Amado Nervo*

And still the basalt Buddha smiled

In Alameda Park, that afternoon,
love-maddened, my sweet beloved
offered me the carnations of her mouth.

And still the basalt Buddha smiled . . .

Another came and stole her charms away
from me. . . . She and I met, in that shade,
letters and tresses interchanged.

And still the basalt Buddha smiled . . .

Since I lost my love, it's been a year today;
I return to the spot, and exhausted
with long walking, I climb to the top
of the socle at the symbol's base;
the day dies bloody and defeated,
a mysterious moon surprises me
in the basalt Buddha's embrace.

And still the basalt Buddha smiled . . .

— *Amado Nervo*

Andrógino

Por ti, por ti clamaba, cuando surgiste,
infernal arquetipo, del hondo Erebo,
con tus neutros encantos, tu faz de efebo,
tus senos *pectorales,* y a mí viniste.

Sombra y luz, yema y polen a un tiempo fuiste,
despertando en las almas el crimen nuevo,
ya con virilidades de dios mancebo,
ya con mustios halagos de mujer triste.

Yo te amé porque, a trueque de ingenuas gracias,
tenías las supremas aristocracias:
sangre azul, alma huraña, vientre infecundo;

porque sabías mucho y amabas poco,
y eras síntesis rara de un siglo loco
y floración malsana de un viejo mundo.

— *Amado Nervo*

Androgynous

For you, I was calling for you when you rose to my calls,
you hellish archetype out of deepest Erebus
with your neutral charms and face of an ephebus,
when you came to me with your breast-like pectorals.

You were shadow yet light, pollen yet eggyolk,
the virility of a boy god at times you had,
at times the sweetness of a woman when she's sad.
From the depths of souls a new sin you awoke.

I loved you because, instead of naïve graces,
you owned the highest aristocracies:
blue blood, barren belly, sullen soul;

because you knew much and loved much less,
you rare synthesis of a century of madness,
unwholesome flower of a world grown old.

— *Amado Nervo*

Evocación

Yo la llamé del hondo misterio del pasado,
donde es sombra entre sombras, vestigio entre vestigios,
fantasma entre fantasmas . . .
                              Y vino a mi llamado,
desparramando razas y atropellando siglos.

Atónitas, las leyes del tiempo la ceñían;
el alma de las tumbas, con fúnebre alarido,
gritábale: ¡Detente! —Las épocas asían,
con garfios invisibles, su brial descolorido.

Mas ¡todo inútil! Suelta la roja cabellera,
la roja cabellera que olía a eternidad,
aquella reina extraña, vestida de quimera,
corría desalada tras de mi voluntad.

Evocation

I called her out of the past, out of mysterious depths
where she's shade among the shades, vestige among vestiges,
ghost among the ghosts . . .
                            And she came to my evocations,
trampling the centuries, scattering the nations.

Astonished time would clench her in its laws,
the soul of tombs let out the horrid howl
of Stop! —Her faded gown the fingers foul
of epochs seized with sharp invisible claws.

All in vain! Freely flew her wild red mane,
her mane that bore the eternal in its scent,
that eerie queen in chimeric raiment
wingèd ran at my will's command.

Cuando llegó a mi lado, le dije de esta suerte:
—¿Recuerdas tu promesa del año Mil?
                              —Advierte

que soy sólo sombra . . .
                    —Lo sé.

                              —Que estaba loca . . .

—¡Me prometiste un beso!
                              —¡Lo congeló la muerte!

—¡Las reinas no perjuran! . . .
                    Y me besó en la boca.

                                        — *Amado Nervo*

She reached my side and I spoke like this:
—You vowed in the year One Thousand!
                              —I warn you

I'm naught but shade . . .
                    —I know it.
                              — I was insane . . .

—You promised me a kiss!
                              —Death froze it on my lips!

—A queen can't break her oath! . . .
                              And then she kissed my mouth.

                              — *Amado Nervo*

Aparición

La mujer que aparece, surge
en medio del apoteosis de un perfume
o escondida como una violeta
en el núcleo de sombra de la estrella.
Intermitente copo de espuma
en el oleaje de la música.
¡Vaso de champaña y nieve
en la sed de la fiebre
que nos hunde en la alberca tibia y clara
de una inmensa esmeralda
y nos abre en la aurora
los ojos que cerramos en la sombra!

— *José Juan Tablada (1871–1945)*

Apparition

The woman who appears rises
in the midst of the apotheosis of a perfume
or hidden like a violet
in the somber nucleus of the star.
Intermittent foam flake
on waves of music.
Glass of champagne and snow
in the thirst of fever
submerging us in the clear warm pool
of an immense emerald
and opening to the light of dawn
the eyes we closed in darkness!

— *José Juan Tablada*

73

Dolor

Mi abismo se llenó de su mirada,
y se fundió en mi ser, y fue tan mía,
que dudo si este aliento de agonía
es vida aún o muerte alucinada.

Llegó el Arcángel, descargó la espada
sobre el doble laurel que florecía
en el sellado huerto . . . Y aquel día
volvió la sombra y regresé a mi nada.

Creí que el mundo, ante el humano asombro,
iba a caer envuelto en el escombro
de la ruina total del firmamento . . .

¡Mas vi la tierra en paz, en paz la altura,
sereno el campo, la corriente pura,
el monte azul y sosegado el viento! . . .

— *Enrique González Martínez (1871–1952)*

Sorrow

The look of her eyes had filled my abyss,
melted into my being, and she was so mine
that now I doubt this agonizing breath
is life still, and not hallucinated death.

The Archangel arrived and let his sword fall
upon the double laurel tree that flourished
behind the sealed orchard wall . . . Shadows returned
that day, and I went back to my nothingness.

I thought the world, to human astonishment,
would shatter, wrapped in the rubble
of the total ruin of the firmament . . .

But I saw earth in peace, peace on high,
the hillside blue, the current pure,
the wind in calm, serene the countryside! . . .

— *Enrique González Martínez*

El beso de Safo

Más pulidos que el mármol transparente,
más blancos que los blancos vellocinos,
se anudan los dos cuerpos femeninos
en un grupo escultórico y ardiente.

Ancas de cebra, escorzos de serpiente,
combas rotundas, senos colombinos,
una lumbre los labios purpurinos,
y las dos cabelleras un torrente.

En el vivo combate, los pezones,
que se embisten, parecen dos pitones
trabados en eróticas pendencias,

y en medio de los muslos enlazados,
dos rosas de capullos inviolados
destilan y confunden sus esencias.

— *Efrén Rebolledo (1877–1929)*

Sappho's kiss

Polished smoother than translucent
marble whiter than the whitest fleece,
two feminine bodies interknotted
into one blazing sculptural piece.

Thighs of zebras, coils of serpents,
breasts like turtledoves, rounded hips,
purplish fire of glowing lips,
two wild manes mingling their torrents.

Nipples joining in ferocious fight,
in most forceful Sapphic rite:
pythons tangling in a love dance;

and amidst those limbs so interwoven
two maiden rosebuds partly open
to distill their blending fragrance.

— *Efrén Rebolledo*

Tú no sabes lo que es ser esclavo

Tú no sabes lo que es ser esclavo
de un amor impetuoso y ardiente,
y llevar un afán como un clavo
como un clavo metido en la frente.

Tú no sabes lo que es la codicia
de morder en la boca anhelada,
resbalando su inquieta caricia
por contornos de carne nevada.

Tú no sabes los males sufridos
por quien lucha sin fuerzas y ruega,
y mantiene los brazos tendidos
hacia un cuerpo que nunca se entrega.

Y no sabes lo que es el despecho
de pensar en tus formas divinas,
revolviéndome solo en el lecho
que el insomnio ha sembrado de espinas.

— *Efrén Rebolledo*

You don't know what it's like

You don't know what it's like to be enslaved
to an impetuous love like a fire,
and always to wear the stab of desire
like a barb nailed into your forehead.

You don't know this covetousness
to bite the mouth you're lusting for,
and to slide your restless caress
down slow contours of snowy flesh.

And you don't know how one suffers
when he struggles feebly and begs,
holding his arms always outstretched
towards a body that never surrenders.

And you don't know what it's like, the spite
that comes from thinking of your godly shape,
as I squirm alone in my lonesome bed
which insomnia has seeded with spikes.

— *Efrén Rebolledo*

Los Besos

Dame tus manos puras; una gema
pondrá en cada falange transparente
mi labio tembloroso, y en tu frente
cincelará una fúlgida diadema.

Tus ojos soñadores, donde trema
la ilusión, besaré amorosamente,
y con tu boca rimará mi ardiente
boca un anacreóntico poema.

Y en tu cuello escondido entre las gasas
encenderé un collar, que con sus brasas
queme tus hombros tibios y morenos,

y cuando al desvestirte lo desates
caiga como una lluvia de granates
calcinando los lirios de tus senos.

— *Efrén Rebolledo*

Kisses

Give me your pure hands; on each
translucent joint, my trembling lips
shall set a gem, and sculpt a diadem
to crown your brow with luster.

Lovingly, I'll kiss your dreamy
eyes where hopes do quiver;
my mouth on your mouth shall rhyme
a searing poem in Anacreon's style.

On your neck, hidden among gauzes,
I'll ignite a necklace whose embers
will burn your warm dark shoulders,

and when, undressing, you unclasp it,
it'll fall like raining garnets
to scorch the lilies of your breasts.

— *Efrén Rebolledo*

Ante el Ara

Te brindas voluptuosa e imprudente,
y se antoja tu cuerpo soberano
intacta nieve de crespón lejano,
nítida perla de sedoso oriente.

Ebúrneos brazos, nuca transparente,
aromático busto, beso ufano,
y como hojas de mirto, de tu mano
se abaten las caricias lentamente.

Tu seno se hincha como láctea ola,
el albo armiño de mullida estola
no iguala de tus muslos la blancura,

mientras tu vientre al que mi labio inclino,
es un vergel de lóbrega espesura,
un edén en un páramo de lino.

— *Efrén Rebolledo*

Before the Altar

You offer yourself, voluptuous, imprudent,
and your sovereign body suggests
untouched snow on far-off mountains,
lustrous pearls from the silken East.

Arms of ivory, nape translucent,
resolute kiss and fragrant breasts;
caresses dropping slow, unhurried
as myrtle leaves out of your hand.

Your breast billows, a wave of milk;
a fluffy stole of snowy mink
is not as pure as your pure thighs.

As my lips descend on it, your belly
is an orchard of dusky thickets,
an Eden in a wilderness of linen.

— *Efrén Rebolledo*

Posesión

Se nublaron los cielos de tus ojos
y como una paloma agonizante,
abatiste en mi pecho tu semblante
que tiñó el rosicler de tus sonrojos.

Jardín de nardos y de mirtos rojos
era tu seno mórbido y fragante,
y al sucumbir, me abriste palpitante
las puertas de marfil de tus hinojos,

me entregaste en tus besos tus ardientes
labios, tu dulce lengua que cual fino
dardo vibraba en medio de tus dientes,

y dócil, mustia, como débil hoja
que gime cuando pasa el torbellino,
gemiste de ventura y de congoja.

— *Efrén Rebolledo*

Possession

Clouds darkened the skies of your eyes
and like a dove at its demise
you let your face drop on my chest,
hiding the russet of your blushes.

Gentle, your fragrant breast was a garden
where myrtle bloomed red and spikenard white,
when in quivering surrender you opened
to me the marble gates of your thighs;

your bounteous kisses abandoned to me
your scorching lips, your honeyed tongue,
that delicate dart, vibrant between your teeth,

and docile, drooping, weak as a leaf
that groans when the whirlwind strikes,
you moaned in your joy and your anguish.

— *Efrén Rebolledo*

El vampiro

Ruedan tus rizos lóbregos y gruesos
por tus cándidas formas como un río,
y esparzo en su raudal, crespo y sombrío,
las rosas encendidas de mis besos.

En tanto que descojo los espesos
anillos, siento el roce leve y frío
de tu mano, y un largo calosfrío
me recorre y penetra hasta los huesos.

Tus pupilas caóticas y hurañas
destellan cuando escuchan el suspiro
que sale desgarrando las entrañas,

y mientras yo agonizo, tú sedienta
finges un negro y pertinaz vampiro
que de mi sangre ardiente se sustenta.

— *Efrén Rebolledo*

The vampire

Dusk and thick as night, your rolling curls
flood your candid form like a river,
a torrent purling and somber, where I hurl
and strew my kisses, like roses of fire.

I spread the heavy ringlets and feel
your hand brush me, light and cold,
sending a shiver right through me,
entering me deep to the bone.

Your irises, sullen and chaotic,
flash when they hear the sigh
tear out from deep in my gut,

and while I'm in agony, you thirstily
impersonate a vampire, black and persistent,
drawing sustenance from my burning blood.

— *Efrén Rebolledo*

Flor temprana

Mujer que recogiste los primeros
frutos de mi pasión, ¡con qué alegría
como una santa esposa te vería
llegar a mis floridos jazmineros!

Al mirarte venir, los placenteros
cantares del amor desgranaría,
colgada en la risueña galería,
la jaula de canarios vocingleros.

Si a mis abismos de tristeza bajas
y si al conjuro de tu labio cuajas
de botones las rústicas macetas,

te aspiraré con gozo temerario
como se aspira en un devocionario
un perfume de místicas violetas.

— *Ramón López Velarde (1888–1921)*

Early flower

Woman, the very first fruits of my passion
were yours, and now, how deep the delight
were you to arrive, a hallowed bride
among my jessamines rife with blossom!

Seeing you approach, the noisy throng
of canaries would burst into rhapsody,
filling the echoing laughing gallery
with the joys of their loving song.

If you will descend to the abyss
of my sadness, at the touch of your lips
plants in their rustic pots will burst into bud,

and I'll breathe you in, in bold enjoyment,
as, among the pages of a prayer book,
one breathes the perfume of mystic violets.

— *Ramón López Velarde*

Mi prima Agueda

Mi madrina invitaba a mi prima Agueda
a que pasara el día con nosotros,
y mi prima llegaba
con un contradictorio
prestigio de almidón y de temible
luto ceremonioso.

Agueda aparecía, resonante
de almidón, y sus ojos
verdes y sus mejillas rubicundas
me protegían contra el pavoroso
luto . . .

Yo era rapaz
y conocía la o por lo redondo,
y Agueda que tejía
mansa y perseverante en el sonoro
corredor, me causaba
calofríos ignotos . . .
(Creo que hasta le debo la costumbre
heroicamente insana de hablar solo.)

My cousin Agueda

My godmother would invite my cousin Agueda
to spend the day with us,
and my cousin would arrive
amidst a contradictory
prestige of starch and fearsome
ceremonious mourning.

Agueda would appear, resonant
with starch, and her green
eyes and rosy cheeks
protected me against the terrors
of her mourning . . .

I was a young boy
and knew the o because it was so round,
and Agueda who knitted,
gentle and persistent in the sonorous
corridor, produced
unknown shivers in me . . .
(I think I even owe to her the heroically
insane habit of talking to myself.)

A la hora de comer, en la penumbra
quieta del refectorio,
me iba embelesando un quebradizo
sonar intermitente de vajilla
y el timbre caricioso
de la voz de mi prima.

Agueda era
(luto, pupilas verdes y mejillas
rubicundas) un cesto policromo
de manzanas y uvas
en el ébano de un armario añoso.

— *Ramón López Velarde*

At dinner time, in the quiet
twilight of the refectory,
the fragile intermittent
tinkle of crockery
and the caressing timbre
of my cousin's voice would weave
their slow spell around me.

Agueda was
(mourning, green eyes and rosy
cheeks) a multicolored basket
full of apples and grapes
in the ebony of an ancient cupboard.

— *Ramón López Velarde*

Transmútase mi alma

Transmútase mi alma en tu presencia
como un florecimiento
que se vuelve cosecha.

Los amados espectros de mi rito
para siempre me dejan;
mi alma se desazona
como pobre chicuela
a quien prohíben en el mes de mayo
que vaya a ofrecer flores en la iglesia.

Mas contemplo en tu rostro
la redecilla de medrosas venas,
como una azul sospecha
de pasión, y camino en tu presencia
como en un campo de trigo en que latiese
una misantropía de violetas.

My soul is transmuted

My soul is transmuted in your presence
as flowering
turns to harvest.

The beloved specters of my rite
leave me forever;
untuned to the season, my soul
feels like a poor girl-child
forbidden in the month of May
to go and offer flowers in church.

But I gaze at the tender net
of timid veins in your face,
like a blue suspicion of passion,
and I walk in your presence
as in a field of wheat that pulsates
with a misanthropy of violets.

Mis lirios van muriendo, y me dan pena;
pero tu mano pródiga acumula
sobre mí sus bondades veraniegas,
y te respiro como a un ambiente
frutal; como en la fiesta
del Corpus respiraba hasta embriagarme
la fruta del mercado de mi tierra.

Yo desdoblé mi facultad de amor
en liviana aspereza
y suave suspirar de monaguillo;
pero tú me revelas
el apetito indivisible, y cruzas
con tu antorcha inefable
incendiando mi pingüe sementera.

— *Ramón López Velarde*

My lilies are dying, and I pity them;
but your prodigal hand is showering
its summer bounty upon me,
and I breathe you in like a fruity
atmosphere, as on the feast of Corpus
I'd get drunk with breathing
fruit in the market of my village.

My faculty for love unfolded
in fickle coarseness
and soft altar-boy's sighs;
but you reveal to me
appetite indivisible, and cross
with your ineffable torch
setting my well-sown fields afire.

— *Ramón López Velarde*

La mancha de púrpura

Me impongo la costosa penitencia
de no mirarte en días y días, porque mis ojos,
cuando por fin te miren, se aneguen en tu esencia
como si naufragasen en un golfo de púrpura,
de melancolía y de vehemencia.

Pasa el lunes, y el martes, y el miércoles . . . Yo sufro
tu eclipse, oh criatura solar; mas en mi duelo
el afán de mirarte se dilata
como una profecía; se descorre cual velo
paulatino; se acendra como miel; se aquilata
como la entraña de las piedras finas;
y se aguza como el llavín
de la celda de amor de un monasterio en ruinas.

Tú no sabes la dicha refinada
que hay en huirte, que hay en el furtivo gozo
de adorarte furtivamente, de cortejarte
más allá de la sombra, de bajarse el embozo
una vez por semana, y exponer las pupilas,
en un minuto fraudulento,
a la mancha de púrpura de tu deslumbramiento.

The purple stain

I impose on myself the costly penitence
of not looking at you for days and days, that my eyes,
when at last they look, may drown in the essence of you
as if shipwrecked in a purple gulf
of melancholy and vehemence.

Monday, and Tuesday, and Wednesday go by . . . I suffer
your eclipse, you solar creature; but inside my grief
the yearning to see you swells
like prophecy; draws back like a slow
veil; is purified like honey, clarified
like the core of precious gems;
and sharpens like the key
to the love cell in a ruined monastery.

You don't know the refined joy
to be found in fleeing you, in the furtive pleasure
of adoring you furtively, of courting you
beyond darkness, of removing one's mask
once a week, and exposing one's eyes,
for a single fraudulent minute,
to the purple stain of your dazzle.

En el bosque de amor, soy cazador furtivo;
te acecho entre dormidos y tupidos follajes,
como se acecha un ave fúlgida; y de estos viajes
por la espesura, traigo a mi aislamiento
el más fúlgido de los plumajes:
el plumaje de púrpura de tu deslumbramiento.

— *Ramón López Velarde*

In the forest of love I'm a furtive hunter;
through sleeping, dense foliage I stalk you,
as one stalks a fulgent bird; and from these rambles
through the thicket, I bring back to my solitude
the most fulgent plumage:
the purple plumage of your dazzle.

— *Ramón López Velarde*

No me condenes

Yo tuve, en tierra adentro, una novia muy pobre:
ojos inusitados de sulfato de cobre.
Llamábase María; vivía en un suburbio,
y no hubo entre nosotros ni sombra de disturbio.
Acabamos de golpe: su domicilio estaba
contiguo a la estación de los ferrocarriles,
y, ¿qué noviazgo puede ser duradero, entre
campanadas centrífugas y silbatos febriles?

El reloj de su sala desgajaba las ocho;
era diciembre; y yo departía con ella
bajo la limpidez glacial de cada estrella.
El gendarme, remiso a mi intriga inocente,
hubo de ser, al fin, forzoso confidente.

María se mostraba incrédula y tristona:
yo no tenía traza de buena persona.
¿Olvidarías acaso, corazón forastero,
el acierto nativo de aquella señorita
que oía y desoía tu pregón embustero?

Don't condemn me

Inland, I once had a very poor sweetheart:
unusual eyes the color of copper sulfate.
Her name was María; she lived in the outskirts,
between us there was never the shadow of an upset.
All of a sudden we broke up: her home was next
to the railroad station, and what engagement can last
among feverish whistles and bells with centrifugal clangs?

The clock in her parlor would hack out eight;
it was December; I'd chat with her
under the icy limpidity of every star.
Averse to my innocent intrigue, the policeman
became in the end a forced confidant.

María looked sad and disbelieving:
I did not have the appearance of a good person.
Heart of a stranger, would you forget
that young girl's good native acumen,
as she listened to your lies without listening?

Su desconfiar ingénito era ratificado
por los perros noctívagos, en cuya algarabía
reforzábase el duro presagio de María.

¡Perdón María! Novia triste, no me condenes:
cuando oscile el quinqué, y se abatan las ocho,
cuando el sillón te mezca, cuando ululen los trenes,
cuando trabes los dedos por detrás de tu nuca,
no me juzgues más pérfido que uno de los silbatos
que turban tus faenas y tus recatos.

— *Ramón López Velarde*

María's inborn distrust was reinforced
by the barks of night—wandering dogs
who hardened her foresight with their racket.

María, forgive! Sad sweetheart, don't condemn me:
when the oil lamp swings, and eight o'clock beats down,
when the chair rocks you, when trains do howl,
when you lace your fingers behind your neck,
don't judge me worse than one of those whistles,
which disturb your chores and your chastity.

— Ramón López Velarde

Como las esferas . . .

Muchachita que eras
brevedad, redondez y color,
como las esferas
que en las rinconeras
de una sala ortodoxa mitigan su esplendor . . .

Muchachita hemisférica y algo triste
que tus lágrimas púberes me diste,
que en el mes del Rosario
a mis ojos fingías
amapola diciendo avemarías
y que dejabas en mi idilio proletario
y en mi corbata indigente,
cual un aroma dúplice, tu ternura naciente
y tu catolicismo milenario . . .

Like glass spheres . . .

Little girl, you who were
brevity, roundness and color,
like those glass spheres
which palliate their splendor
on corner cupboards in an orthodox parlor . . .

You hemispherical and rather sad little girl,
you who gave me your pubescent tears,
and during the month of the Rosary
seemed, to my eye,
like a poppy praying Ave Marias,
you who lent to my proletarian romance
and my impoverished necktie
your millenarian Catholicism and budding tenderness,
like the scent of a mixed-gender monastery . . .

En un día de báquicos desenfrenos,
me dicen que preguntas por mí; te evoco
tan pequeña, que puedes bañar tus plenos
encantos dentro de un poco
de licor, porque cabe tu estatua pía
en la última copa de la cristalería;
y revives redonda, castiza y breve
como las esferas
que en las rinconeras
del siglo diecinueve,
amortiguan su gala
verde o azul o carmesí,
y copian, en la curva que se parece a ti,
el inventario de la muerta sala.

— *Ramón López Velarde*

One day of Bacchic license,
somebody says you asked about me; I evoke you
so small you could immerse
your full charms in a bit
of liquor, because your pious figurine would fit
into the last goblet in the sideboard;
and you come back to life, round, pure-bred, and brief,
like those glass spheres
on the corner cupboards
of the nineteenth century,
which muffle their charms of blue
or crimson or green, and copy,
on that curve reminiscent of you,
the dead parlor's inventory.

— *Ramón López Velarde*

Mi corazón se amerita . . .

Mi corazón, leal, se amerita en la sombra.
Yo lo sacara al día, como lengua de fuego
que se saca de un ínfimo purgatorio a la luz;
al oírlo batir su cárcel, yo me anego
y me hundo en la ternura remordida de un padre
que siente, entre sus brazos, latir un hijo ciego.

Mi corazón, leal, se amerita en la sombra.
Placer, amor, dolor . . . todo le es ultraje
y estimula su cruel carrera logarítmica,
sus ávidas mareas y su eterno oleaje.

Mi corazón, leal, se amerita en la sombra.
Es la mitra y la válvula . . . Yo me lo arrancaría
para llevarlo en triunfo a conocer el día,
la estola de violetas en los hombros del Alba,
el cíngulo morado de los atardeceres,
los astros, y el perímetro jovial de las mujeres.

Loyal, my heart . . .

Loyal, my heart gains merit in shadows.
I'd bring it out to the day, as one might fetch
a tongue of fire out of smallest purgatory into light;
and as I hear it beat its prison, I drown
and sink in the remorseful tenderness of a father
who feels his blind child pulse in his arms.

Loyal, my heart gains merit in shadows.
Pleasure, love, sorrow . . . all offends it,
all stimulates its cruel logarithmic run,
its avid tides and eternal surf.

Loyal, my heart gains merit in shadows.
It's miter and valve . . . I'd tear it out
to carry it in triumph to meet the day,
the stole of violets draped on the shoulders of Dawn,
the purple sash of sunsets,
heavenly bodies, the jovial perimeter of women.

Mi corazón, leal, se amerita en la sombra.
Desde una cumbre enhiesta yo lo he de lanzar
como sangriento disco, a la hoguera solar.
Así extirparé el cáncer de mi fatiga dura,
seré impasible por el este y el oeste,
asistiré con una sonrisa depravada
a las ineptitudes de la inepta cultura,
y habrá en mi corazón la llama que le preste
el incendio sinfónico de la esfera celeste.

— *Ramón López Velarde*

Loyal, my heart gains merit in shadows.
From a sharp mountain peak I'll throw it,
a bleeding disk into the blazing sun.
So will I uproot the cancer of my hard fatigue,
and become impassive from East to West,
with a depraved smile to witness
the ineptitudes of inept culture,
and my heart will hold the flame taken
from the symphonic conflagration of the celestial sphere.

— *Ramón López Velarde*

Te honro en el espanto . . .

Ya que tu voz, como un muelle vapor, me baña
y mis ojos, tributos a la eterna guadaña,
por ti osan mirar de frente el ataúd;
ya que tu abrigo rojo me otorga una delicia
que es mitad friolenta, mitad cardenalicia,
antes que en la veleta llore el póstumo alud;
ya que por ti ha lanzado a la Muerte su reto
la cerviz animosa del ardido esqueleto
predestinado al hierro del fúnebre dogal;
te honro en el espanto de una perdida alcoba
de nigromante, en que tu yerta faz se arroba
sobre una tibia, como sobre un cabezal;
y porque eres, Amada, la armoniosa elegida
de mi sangre, sintiendo que la convulsa vida
es un puente de abismo en que vamos tú y yo,
mis besos te recorren en devotas hileras
encima de un sacrílego manto de calaveras
como sobre una erótica ficha de dominó.

— *Ramón López Velarde*

I honor you in terror . . .

Since your voice like gentle vapor bathes me,
and my eyes, in tribute to the eternal scythe,
for your sake dare look straight at the coffin;
since your red coat gives me a pleasure
half shivering, half cardinalate, before
the posthumous avalanche weeps on the vane;
and for you the brave neck of the bold skeleton,
predestined to the iron of the funereal halter,
has flung its challenge into the face of Death;
I honor you in the terror of a necromancer's
cryptic chamber, where your rigid face, pillowed
on a tibia, lies enchanted; because you, Beloved,
are the harmonious elect of my blood,
feeling that convulsive life is a bridge
over an abyss where you and I go,
my kisses rove over you in devout rows,
over a sacrilegious mantle of skulls
as over an erotic chip of dominoes.

— *Ramón López Velarde*

Uno de los Casi Cinco Sonetos

Sobre mi corazón ternura nueva.
Ofrecida una vez y otra la llama,
a poco llanto, a poca lumbre queda,
como tibieza de la tierra en calma.

Arbol que no conozca enredadera
tributos frutará, pero sin ansia;
sin apurar el gusto de la tierra
ni el paladeo de su sangre escasa.

¡Oh, consumida, oh lenta paz que suma
luz en raciones, aura azul de sombra!
Juntas las bocas y las manos juntas,

mi pensamiento — cuando no te nombra —
será que te derrama en agua muda
— ternura igual — sobre mi corazón.

— *Alfonso Reyes (1889–1959)*

From *Obras Completas, Alfonso Reyes* (Mexico City: Fondo de Cultura Económica, 1955). Reprinted by permission of the Fondo de Cultura Económica.

One of the Almost Five Sonnets

Upon my heart a new tenderness.
The fire offered up once and again
has little weeping left and but a gentle flame,
like the warmth of earth in calmness.

The tree that knows no creeper
may yield fruit, but without yearning,
without drinking to the full of the taste of earth
or the flavor of its blood, when blood is scarce.

Oh consumed, oh slow peace subsuming
clusters of light, blue auras of shadows!
Mouths together and hands together,

my thought — when it does not name you —
must be pouring you in mute water
— tempered tenderness — over my heart.

— *Alfonso Reyes*

Inventar la verdad

Pongo el oído atento al pecho,
como, en la orilla, el caracol al mar.
Oigo mi corazón latir sangrando
y siempre y nunca igual.
Sé por quién late así, pero no puedo
decir por qué será.

Si empezara a decirlo con fantasmas
de palabras y engaños, al azar,
llegaría, temblando de sorpresa,
a inventar la verdad:
¡Cuando fingí quererte, no sabía
que te quería ya!

— *Xavier Villaurrutia (1903–1950)*

From *Obras: Poesía, Teatro, Prosas Varias* (Mexico City: Fondo de Cultura Económica, 1966). Reprinted by permission of the Fondo de Cultura Económica.

Inventing the truth

I put my ear to my breast, attentive
as, at the shore, the conch to the sea.
I hear my heart beat bleeding
and always and never the same.
I know for whom it beats like that,
but can't tell why it might be.

Were I to start to say it, with phantoms
of words and random deceit,
I'd arrive, with a shiver of surprise,
at inventing the truth:
When I pretended to love you, I didn't know
I loved you already!

— *Xavier Villaurrutia*

Dicha

Mi corazón olvida
y asido de tus pechos se adormece;
eso que fue la vida
se nubla y obscurece
y en un vago horizonte desaparece.

De estar tan descuidada
del mal de ayer y de la simple pena
pienso que tu mirada
— llama pura y serena —
secó del llanto la escondida vena.

En su dicha perdido
abandonado a tu dulzura ardiente,
de sí mismo en olvido,
el corazón se siente
una cosa feliz y transparente.

La angustia miserable
batió las alas y torció la senda
¡oh paz incomparable!
un día deleitable
nos espera a la sombra de tu tienda.

Bliss

My heart forgets,
grows drowsy as it clings to your breasts;
that which was life
becomes cloudy and darkens,
vanishing into a vague horizon.

After it was so poorly nursed
in sickness and simple sorrow,
I think your gaze
— that pure and serene flame —
has dried the weeping of the hidden vein.

Lost in its bliss
abandoned to your burning sweetness,
forgetful of itself,
my heart feels
it's a happy transparent being.

Miserable distress
flapped its wings and flew off,
oh incomparable peace!
one delightful day
awaits us in the shade of your tent.

La más cruel amargura
con que quieras herirme soberano
se henchirá de dulzura
como vino temprano
apurado en el hueco de tu mano.

Hiere con saña fuerte
si sólo no desciñes este abrazo
que aún ante la faz de la muerte,
con ser tan duro lazo,
pienso que ha de reír en tu regazo.

— *Concha Urquiza (1910–1945)*

The cruelest bitterness
you may try to wound me with
will grow plump with sweetness
like an early wine
sipped from the hollow of your hand.

Wound me with fierce rage
so long as you don't unclasp this embrace,
this bond so strong
it will laugh in your lap, I think,
even in the face of death.

— *Concha Urquiza*

Retorno

Has muerto tantas veces; nos hemos despedido
en cada muelle,
en cada andén de los desgarramientos,
amor mío, y regresas
con otra faz de flor recién abierta
que no te reconozco hasta que palpo
dentro de mí la antigua cicatriz
en la que deletreo arduamente tu nombre.

— *Rosario Castellanos (1925–1974)*

From *Poesía No Eres Tú: Obra Poética 1948–1971* (Mexico City: Fondo de Cultura Económica, 1972). Reprinted by permission of the Fondo de Cultura Económica.

Return

So many times you've died, we've said good-bye
on every pier,
on every heartrending platform,
my love, and you return
wearing yet another face like a flower newly opened
which I don't recognize as you until I finger
inside myself the ancient scar
where arduously I spell out your name.

— *Rosario Castellanos*

Mexican Love
Quotations & Proverbs

Amor empieza por desasosiego,
solicitud, ardores y desvelos;
crece con riesgos, lances y recelos,
susténtase de llantos y de ruego.

— *Sor Juana Inés de la Cruz*

La paloma del cuco se asoma a la ventana
Y canta cuatro veces . . .
Háblame; ya no reces . . .
¡Me es forzoso sentirte amorosa y cercana!

— *Enrique González Martínez*

Vibra el alma en mi mano palpitante
al palpar tu melena lujuriante.

— *Efrén Rebolledo*

Nievan calladamente mis caricias.

— *Efrén Rebolledo*

Love begins with loss of ease,
with cares, ardor, lack of sleeping;
grows with risks, doubts and daring feats,
sustains itself with begging and with weeping.

Out of the clock the cuckoo peeps
And sings the hour of four . . .
Speak to me, pray no more . . .
I need you loving and near me!

My soul vibrates in my throbbing hand
as I caress your luxuriant mane.

Quietly my caresses snow down.

129

La pena y la que no es pena, todo es pena para mí:
ayer penaba por verte, y hoy peno porque te vi.

Yo no sé por qué quiero llorar,
será por el pesar que escondo,
tal vez por mi infinita sed de amar.

— *Ramón López Velarde*

No turbar el silencio de la vida,
esa es la ley . . . Y sosegadamente
llorar, si hay que llorar, como la fuente
escondida.

— *Enrique González Martínez*

¿Hay celos? luego hay amor;
¿hay amor? luego habrá celos.

— *Sor Juana Inés de la Cruz*

Sorrow and non–sorrow, all is sorrow to me:
yesterday I was sad because I didn't see you,
today I'm sad because I did.

I don't know why I feel like crying,
perhaps it's the grief I'm hiding,
or maybe it's my infinite thirst for love.

Not to disturb the silence of life,
that's the law . . . And quietly to weep,
if one must weep, like the hidden
spring.

There's jealousy? hence there's love;
There's love? hence there'll be jealousy.

Amor de otoño dorado:
don de los dioses
tardío e inesperado,
el mejor de toda la vida.

— *Fulvia Lúpulo*

Del gran delito de quererte,
sólo es bastante pena, confesarlo.

— *Sor Juana Inés de la Cruz*

De mi casa a la tuya no hay más que un paso.
De la tuya a la mía, ¡qué camino tan largo!

No busques constancia en los amores,
no pidas nada eterno a los mortales.

— *Manuel Gutiérrez Nájera*

Love that's come with gold
of autumn: late, unexpected
gift of the gods,
the best in all of life.

For the great crime of loving you,
the only sufficient penalty is to confess it.

From my house to yours is only a step.
From your house to mine, how long the way!

Don't look for steadfastness in love,
don't demand anything eternal from mortals.

No hay fea sin gracia, ni bonita sin tacha.

Si no hubieran malos gustos, pobres de las feas.

La suerte de la fea, la bonita la desea.

❀❀ ❀❀ ❀❀

¡De milagro te abrazan! ¿y quieres que te besen?

❀❀ ❀❀ ❀❀

Habiendo oportunidad, hasta el más santo peca.

❀❀ ❀❀ ❀❀

Negrita de mis pesares, hojas de papel volando.
A todos diles que sí, pero no les digas cuándo.
Así me dijiste a mí, por eso vivo penando.

There's no ugly woman without a good feature,
no pretty one without a flaw.

If nobody had bad taste, it would be tough for the ugly.

Pretty women wish for the luck of the ugly.

By a miracle you get a hug! And you ask for a kiss?

When opportunity beckons, even saints sin.

Dark–skinned woman of my grief, leaves of paper fly in the air.
Go ahead, say yes to them all, but never tell them when.
That's what you said to me, that's why I live in pain.

Ojo que no ve, corazón que no siente.

Me he de comer esa tuna, aunque me espine la mano.

Cuiden sus gallinas, que mis gallos andan sueltos.

Amor con amor se paga.

Te dejaron como novia de rancho, vestida y alborotada.

Si porque me ves chiquita
piensas que no sé de amores,
yo soy como el frijolito:
naciendo y echando flores.

If the eye doesn't see, the heart doesn't feel.

I gotta eat the fruit of that cactus,
even if I get my hand full of thorns.

Watch out for your hens, my roosters are on the loose.

Love should be repaid with love.

You were left like a bride from the ranch,
all dressed up and all excited.

Seeing that I'm small,
you may think I know nothing of love,
but I'm like the little beanstalk,
which blooms just as soon as it's born.

Cuando paso por tu casa,
compro pan y voy comiendo,
pa' que no diga tu madre
que de hambre me estoy muriendo.

¿De qué le sirve a tu mamá echarle tapia al corral,
si al cabo nos hemos de ir por la puerta principal?

Cada vez que cae la tarde, me pongo a pensar y digo:
¿de qué me sirve la cama, si tú no duermes conmigo?

Anoche yo fui a tu casa,
tres golpes le di al candado.
Tú no sirves para amores,
tienes el sueño pesado.

When I'm going to pass your house,
I buy bread and eat as I walk,
so your mother won't say
I'm starving to death.

What good does it do your mother
to build an adobe wall around the corral?
In any case, we're leaving by the front door.

Every time evening comes, I get thoughtful and say,
what's the good of having a bed, if you don't sleep with me?

Last night I went by your house,
three times I knocked on the lock.
You're no good at love affairs,
you sleep too deeply.

En tu cuerpecito de violonchelo
me gustaría tocar esto y aquello.

El que duerme en cama ajena,
muy temprano se levanta.

El que enamora casadas
siempre anda descolorido,
¿será por las desveladas,
o por el miedo al marido?

Tanto pasar y pasar,
tanto pasar por aquí:
yo gastando mis huaraches,
y otro gozando de ti.

On your little cello of a body
I'd like to play this and that.

He who sleeps in another's bed,
must get up very early.

A man who courts a married woman
always looks very pale.
Is it because he's up so late,
or because he fears the husband?

So much passing by, and passing by,
so much passing by this place:
I wearing out my sandals,
and another man enjoying you.

Agua le pido a mi Dios,
pa' regar un plan que tengo;
quiero casarme contigo,
pero ¿con qué te mantengo?
Sólo que comas zacate,
como las mulas que tengo.

Como mujer descalza desde el cuello,
la vida es un jardín: todo en él es bello.

Ciento y cincuenta pesos daba una viuda,
sólo por la sotana de cierto cura.
El cura le responde con gran contento,
que no da la sotana si él no va dentro.
La viuda le responde con alegría
que eso es precisamente lo que quería.

— *Archivos del Oficio de la Inquisición, 1796*

I pray to God for rain,
to water a plan I have;
I'd like to marry you, I'd like it a lot,
but how could I support you?
If only you would eat dry grass,
like any of those mules I got.

Like a woman barefoot up to her neck,
life is a garden: everything in it is beautiful.

One hundred fifty pesos a widow would give
just for the cassock of a certain priest.
The priest responds with happy wit,
he'll give no cassock unless he go with it.
The widow retorts in great content,
why, that was precisely what she meant.

— From the Archives of the Office of the Inquisition, 1796

Esta noche he de pasear
con la amada prenda mía
y nos hemos de holgar
hasta que Jesús se ría.

— *Archivos del Oficio de la Inquisición, 1766*

Una recién casada ha preguntado
que si el tener cortejo sería pecado.
El padre le responde tomando un polvo,
si yo soy tu cortejo, ego te absolvo

— *Archivos del Oficio de la Inquisición, 1796*

Al pasar por el puente de San Francisco
el demonio de un fraile me dio un pellizco.
Y mi madre me dice, con gran paciencia:
Deja que te pellizque Su Reverencia.

— *Archivos del Oficio de la Inquisición, 1796*

Tonight with my beloved
I will go riding.
So great will be our pleasure,
we'll have Jesus smiling.

    — *From the Archives of the Office of the Inquisition, 1766*

The newly–wed asks the confessor,
would it be sinful to take a lover.
The priest responds as he takes a pinch of snuff,
if I'm the lover, I'll absolve you and that's enough.

    — *From the Archives of the Office of the Inquisition, 1796*

As I passed over the Saint Francis bridge,
a devilish friar gave me a pinch.
And my mother says with great patience:
Let him pinch you, he's His Reverence.

    — *From the Archives of the Office of the Inquisition, 1796*

¡Desgraciado el que en la hora lunar
en su lecho no huele azahar!

— *Ramón López Velarde*

Para que ya no dudes de mi cariño, abre mi corazón:
toma el cuchillo, pero con tiento,
niña, no te lastimes, que estás adentro.

Oyeme con los ojos,
ya que están distantes los oídos.

— *Sor Juana Inés de la Cruz*

La luz más halagadora
es la de tus ojos:
a su luz soy hermosa.

— *Fulvia Lúpulo*

Unfortunate is the man who, during moonlit hours,
doesn't have the scent of orange blossoms in his bed!

So you can stop doubting my love, open my heart:
here, take the knife, but be careful,
girl, don't hurt yourself, you're in there.

Listen to me with your eyes,
since your ears are distant.

The most flattering light
is the light of your eyes:
it makes me beautiful.

En el cielo una luna:
en tu cara una boca.
En el cielo muchas estrellas:
en tu cara sólo dos ojos.

— *Canción Otomí*

En la gota de rocío brilla el sol:
la gota de rocío se seca.
En mis ojos, los míos, brillas tú:
yo, yo vivo.

— *Canción Otomí*

Ni contigo ni sintigo
tienen mis males remedio:
contigo, porque me matas,
sintigo, porque me muero.

In the sky one moon:
on your face one mouth.
In the sky many stars:
on your face two eyes only.

 — *Song of the Otomí Indians*

The sun shines on the drop of dew:
the drop of dew dries out.
You shine in these eyes, my eyes:
and I, I live.

 — *Song of the Otomí Indians*

With you or without you,
there's no help for my suffering:
with you, because you kill me,
without you, because I die.

Si soltera agonizas,
irán a visitarte mis cenizas.

— *Ramón López Velarde*

Nada tu fuerza poderosa trunca,
pues, renaciendo tú de las ruinas,
¡oh fecundante Amor, no mueres nunca!

— *Manuel José Othón*

If you die single,
my ashes will go and visit you.

Nothing can cut short your powerful force,
for you're reborn out of ruins,
oh bountiful Love, and you can never die!

About the Author

 Of Mexican and English heritage, Enriqueta Carrington writes poetry in Spanish and English. She grew up in Coyoacán, Mexico, and has worked as a translator and interpreter since her teens. She received her bachelor's and master's degrees from the National University of Mexico, and her doctorate degree from Rutgers University, where she is now an Associate Professor.